사랑 또는 에피소드

사랑 또는 에피소드

초판발행 2025년 9월 1일

지은이   사이채
펴낸이   사이채
펴낸곳   필리스토리
        등록   제2016-000207호
        홈페이지 https://blog.naver.com/vvalley
        전화   010-4998-5375
        이메일   sa7273@naver.com

ⓒ 사이채, 2025
ISBN 979-11-89758-39-4

값 13,000원

* 이 책 내용의 전부 또는 일부를 재사용하려면 저작권자와
필리스토리의 동의를 받아야 합니다.

사랑 또는 에피소드

사이채 시조

필리리스토리

노래로 살다 보면

일상	9
사랑 또는	11
그리워서 또 걷습니다	13
여인과 그 여인	15
혼인지(婚姻池)에서	17
이식(移植)	19
자꾸만	21
꽃배 타고	23
노을은 몇 겹일까	25
대관식	27

역사는 현실과 대화다

애기똥풀굿	29
웅녀, 길을 내다	39
초혼	43
세한도	45
천강(天降), 천 개 강이 되어	47
신동엽의 하늘	49
백마강 소묘	51

곰나루에서	53
금동대향로 복원 대장장이	55

공간, 시간에 접히다

시비(詩碑)공원	57
구암리 소묘	59
국립중앙박물관 사유의 방	61
4호선 지하철을 타고	63
개마고원에	65
낙화(落火)	67
향천사 흙부처	69
채석강 가까이서	71

에크프라시스

나무 되다	73
여인과 매화와 항아리	75
고양이가 지키는 무인 등대	77
오필리아의 노래	79
재회	81

세이렌의 노래	83
키스, 야윈 사랑에 관한 소묘	85
애도의 지속	87
어떤 점묘법	89
수선화처럼	91

사는 건 산통(産痛), 산통(算筒)

그대의 짧은 날을	93
강가 나무의 독백	95
등	97
장승에 앉은 나이 든 참새와 목수	99
허리 잘린 나무	101
등칙골 의족수(義足樹)	103
종생기(終生記)	105

이슬처럼 어릿광대처럼

이슬	107
눈부처	109
삼월	111
개망초처럼	113

비목어, 산란을 꿈꾸며	115
콩나물	117
숨결, 피정(避靜)하다	119
고색역(古索驛)	121
낙조	123
인형, 그의 극	125
브랜드 옆 비탈	127
시인의 말	128

노래로 살다 보면

첫인생, 설레기만 하다 붉은 노을 어느덧

라사르 세갈, 자화상 Ⅱ, 1919, 브라질

일상

어스름 내다보는 거실에 잔주름들
작은 일에 감동하니 나이 들어 좋다면서
아내는 과일 쟁반에 수다 몇을 내놓는다

세상이 제아무리 변해도 이대로만
우리는 이 자리에 있자고 다짐하듯
아내는 개그프로를 켜 놓은 채 잠든다

노래로 살다 보면

첫인상, 짧은 입맞춤에 용기 내다 화들짝

카타리나 반 헤메센, 자화상, 1548, 플랑드르

사랑 또는

사과꽃 열리던 날 햇볕에 기댄 사람
네 미소 몇 송이를 하얗게 눈에 담던
창가에 네 언저리에 그 자리에 날 둔다

네 붉음 따라가다 에움길 어디에서
동그랗게 길 접혀도 달빛이 생생하면
기억은 엉킨 듯 풀린 듯 긴 새벽을 놓고 간다

노래로 살다 보면

얼마를 더 사랑해야 네 입술에 닿을까

알브레히트 뒤러, 자화상, 1500, 독일

그리워서 또 걷습니다

길에서 길 만나면 또 길을 묻습니다
스르르 내려오는 벚꽃이 애처로운데
저만치 그대 체취에 그리운 숨 차올라

햇살이 혀 내밀어 기억의 등 핥아줘도
오십 년 풍상 따라 간데없는 그대 자국
오늘은 까까머리 아들 당신 찾아 오릅니다

노독을 안주 삼아 저녁을 드실 때면
네 길은 무어냐며 날 빤히 보시더니
서둘러 떠나온 길이 소풍 같은 여긴가요

첫사랑, 사과꽃만큼 하얗토록 지새는

카라바조, 바카스로서 자화상, 1593, 이탈리아

여인과 그 여인

기와집 마당에다 매화나무 옮겨 심던,
긴 편지 행간마다 묵음을 채워 넣던,
수술실, 매화향 살점 뚝 떼주는 어머니

노래로 살다 보면

오늘도 행복하세요 내 좋은 벗 네 인생

상소포니스바 안귀솔라, 이젤화 옆 자화상, 1556, 이탈리아

혼인지(婚姻池)에서
-아들·며느리 혼인을 기념하여

해 뜨면 또 찾아낸 서로의 아름다움
식탁의 화병에다 한 아름 꽂아두니
온종일 따라다니는 햇살 둘이 즐겁다

별빛이 오순도순 어깨를 토닥이면
부부의 눈부처는 황금빛 해바라기
거실엔 노을의 기울기로 스며드는 정다움

노래로 살다 보면

그 섬엔 그리움만 사는지 조각달만 깁는데

얀 반 에이크, 자화상, 1443, 벨기에

이식(移植)

금속성 통제구역 냉기 오른 수술방에
소리를 싹둑 자른 무영등(無影燈) 멸균 눈빛
그 정적 민등뼈 환부에 날카롭게 꽂힌다

광기를 해부하는 메스의 춤사위에
수술대, 갱생의 꿈 보시하는 자궁인가
로봇이 영혼을 담보 잡고 낡은 신장 꿰맨다

흰 나비 날갯짓에 뛰노는 강물 소리
잠이 깬 새로운 날 강심에 돛을 다니
그날에 갓 나온 생기 두른 초승달이 해맑다

노래로 살다 보면

얼마쯤 깊이 붉어야 절정일까 동백은

상소포니스바 안귀솔라, 자화상, 1554, 이탈리아

자꾸만

어쩌다 우리 장모 해걸음 다 들이켰네
몇 번을 잘못 환승(換乘) 달빛인 양 집에 오고
오늘도 문 잠긴 섬에는 동백 한 점 불탄다

자식을 훈장처럼 애지중지 닦더니만
또 한 뼘 줄어들어 키보다 짧아진 길
평생을 봄날이 꿈이더니 나비처럼 길 나선다

설핏한 겨울 볕이 숨죽이며 곤두박질
점점(漸漸), 점, 아주 작게 기억은 점이 되고
시간은 엄마 잃은 새처럼 길 묻는다 자꾸만

노래로 살다 보면

한 점씩 널 묻혀 그리면 사랑 되는 점묘법

엘리자베트 비제 르 브룅, 자화상, 1781, 프랑스

꽃배 타고

강물은 낭창낭창 취한 뱃길 눈을 잃고
바람꽃 앞장서니 칼바람 몸져눕고
마당엔 별꽃을 심던 당신 닮은 노을빛

젖무덤 찾아가던 어린 새 배를 앓다
바다를 짚어가다 물길 업은 배를 본다
새똥을 진흙에 빚어 밥상 차린 당신 닮은

열다섯 까까머리 밥 먹여 꽃배 태워
서울로 보내고는 바람칼에 춤을 추다
꽃상여 이고 지고서 산에 오른 아버지

노래로 살다 보면

봄볕에 눈웃음 짓는 첫눈 닮은 널 그린다

아르테미시아 젠틸레스키, 회화의 알레고리로서 자화상, 1638~1639, 이탈리아

노을은 몇 겹일까

뚝, 뚝뚝 빗방울에 눈물 몇 점 쏟았는지
우리 장모 표정 놓고 종일토록 콩을 깐다
하나씩 까낸 세월은 빗소리에 잠기는데

역광에 달라붙어 짧아지는 기억 몇 점
노을은 몇 겹일까 시름도 저무는데
당신은 트로트 한 자락에 노을 덮고 뭐하시나

살갗으로 헤엄쳐온 강물을 내려놓고
아들을 부르면서 자꾸만 배고프다고
치매요? 어쩌다가요, 낡은 허물 벗는 거야

노래로 살다 보면

작별은 흰 블라우스에 꽃물 씻는 대관식

요하네스 굼프, 자화상, 1646, 오스트리아

대관식

꽁꽁 묶지 마라 얘야 살살 아프잖니
수의를 잘 여며야 덜 춥지요 먼 길인데
기어코 가시겠어요, 여한 없이 살았단다

햇볕도 물리치고 치매도 따돌리고
동백꽃 떨어지듯 홀연히 숨을 놓아
검붉다 광막한 바다처럼 문을 닫은 섬처럼

역사는 현실과 대화다

그대 창 별빛이 수놓는 찔레향에 해맑다

폴 세잔, 자화상, 모자 쓴 자화상, 1890~94, 프랑스

애기똥풀굿

1.
줄기를 잘라내면 뭉쳐 있는 노랑 액체
애기 똥 같다 하여 애기똥풀, 어여쁜데
창경궁 잿빛 담장 아래 숨죽이며 산다

2.
보시오 칠성님네 온기 띤 별이시여
조선 땅 세자 중에 사도가 단명하여
똥풀로 이승에 되산다니 사연이나 들어주오

을묘년 이월에 나 향년은 이십칠 세
낱낱이 사연마다 예사로움 하나 없네
사도여 한달음에 나와 똥 냄새를 씻으오

3.
오백 년 묵은 귀신 나를 왜 들먹이나
이명에 들볶여서 날마다 불면인데

역사는 현실과 대화다

내 시는 사랑에 관한 별칭 시점 점묘화

로살바 카리에라, 여동생 초상화를 들고 있는 자화상, 1709, 이탈리아

이제는 내 죽은 자리에 한철 풀로 사는데

아비에 묶인 탓에 살아서는 나락이요
죽어서는 오명으로 귓속에 벌레 소리
바람에 속 끓는 초생(草生)인데 소환일랑 그만 좀

4.
흙밭에 사는 꼴이 안타까워 내 그러오
신당을 세워두고 칠성신 모셨으니
사도여 잠깐 들러서 맺힌 데를 푸시오

5.
그것참 내 할 말이 없을까 봐, 들어보오
아비는 태양이요 이 몸은 헛그림자
세자로 삼지나 말지 피붙이가 무슨 소용

내 어미 어디 두고 남더러 어미라니
왕 자리 그리 좋나 세자를 험하다니
생피(生皮)로 날 옭매놓고 생 사지로 몰다니

역사는 현실과 대화다

파랗게 내게 오는 별빛 네 목소리 네 꿈결

윤두서, 자화상, 1710, 조선

6.
내관 궁관 여럿 죽고 빈마저 맞아 죽어
궐 안에 조용한 날 하루인들 있었을까
당신에 원귀가 줄줄 맺혔으니 어쩔까

가녀린 햇살에도 피 냄새가 끼어드네
왜 그리 무모했소 귀엣말이 광증이라
사람들 손가락질하네 왜 그렇게 살았소

7.
휘녕전 널빤지에 내 몸을 엎어놓고
자결하라 칼을 주고 군대가 에워쌌지
흉한 꼴 어찌 보려오 아비, 궁 밖에서 죽겠소

뒤주가 웬 말인가 좁쌀만 한 왕이구나
허망한 짓이구나 얼마나 누리려고
내 아이 볼까 두려우니 한시 빨리 죽이오

가슴이 다 타도록 불 꺼줄 이 안 비친다
어미는 어디 있나 아내는 무얼 하나

역사는 현실과 대화다

태초에 저만치 두라고 미움 따윈, 그랬다

장 에티엔 리오타드, 자화상, 1746. 스위스

천 갈래 찢기는 내 비명 어디에다 처박는가

팔 일간 악몽 간에 죽도 살도 못하는데
저기에 애기똥풀 꽃 피우려 열심이네
목전에 저승을 두니 네가 마냥 부럽다

8.
봄비가 다정해도 이파리는 시린 것을
고약하다 그 늙은이, 화증(火症)이면 고쳐줄 일
누구도 걷잡을 수 없이 가버린 날 어쩔까

한숨이 강을 이뤄 사방에 떠도는데
한참 후 장종(莊宗)이라 이름한들 무엇할까
그 숨을 씻으려 하니 마음 편히 맡기오

9.
가르마 탈 새 없이 짧은 여정이니
연기 한 줌 움켜쥐고 연연할 것 없다지만
내 살(煞)을 거둬들이려고 기웃대는 처지라

역사는 현실과 대화다

오늘도 널 들여다보는 이슬만큼 맑은 달

강세황, 자화상, 1782, 조선

10.
비나이다 칠성님네 신원(伸寃)의 별이시여
고달픈 우리 장종 어여삐 여기시어
소리 벌 풀어주시고 열어주오 닫힌 마음

연잎으로 집을 삼아 염불로 양식 삼고
여래불 오실 길에 애기똥풀 꽃피워서
모쪼록 극락왕생하도록 비나이다 신이여

11.
궁문을 드나드는 햇볕이 하늘댄다
애기 똥 같다 하여 애기똥풀, 갸름하네
담장을 기어오르는 땅의 기운 참하다

역사는 현실과 대화다

네 이름 정물화처럼 네 자리서 빛나는

주디스 레이스테르, 자화상, 1633년경, 네덜란드

웅녀, 길을 내다

하루는 작은 산에 아침이 일어나니
소리가 깨어나서 여덟 가지 빛이 들고
나처럼 천지가 온통 자기 색을 입는다

저기서 내려오는 말발굽에 바람 일어
삼칠일 볕을 피해 환웅을 만나보니
흰 이여 내가 청을 하니 길을 내라 새로이

혼인 날 정하여서 기꺼이 들게 하며
청 소리 붉은 빛을 산하에 흩뿌리니
그렇게 사랑의 시작이라 살랑이는 뭇별빛

산마다 칡뿌리가 심줄처럼 얽어질 때
신단수 그늘 걷고 양지에 몸을 두어
청대로 단군을 내놓으니 큰 나라의 시작이다

드는 곳 나는 목에 금수(錦繡)를 놓으면서

역사는 현실과 대화다

널 따라 여행하다 별빛 한 점 들이킨다

조제프 뒤크뢰, 자화상, 하품, 1783, 프랑스

저마다 젖을 주고 이름을 지어주니
황톳빛, 생기가 돋아나는 아침의 땅 아사달

환웅의 여자라서 웅녀가 아니란다
그 일을 다하고서 강물을 끼고 도니
내 고향 따사로운 곰골에 물이 솟아 춤춘다

역사는 현실과 대화다

실연은 밤이면 가로 눕고 새로 돋는 어린눈

장데지레 귀스타브 쿠르베, 절망하는 남자, 자화상. 1844~5, 프랑스

초혼

눈먼 새 머리 풀어 삼은각 종을 치고
포은을 세 번 불러 비단에 고이 싸니
청강(淸江)에 맑은 눈물이 꽃불처럼 퍼진다

임신년 피바람에 까마귀 날뛰어대
혈죽(血竹)을 짚고 나선 단심가 강물 되니
피꽃이 흐르고 흘러 붉디붉은 산하여

광화문 달 젖은 밤 녹두꽃 떨어지니
별빛에 베인 사내 벽혈(碧血)을 등에 지고
증오의 저 굿판 속을 애를 끊고 걷는다

인왕산 돌아앉아 달빛을 꿰매는데
백골이 이슬 되어 초롱한 아침 여니
꽃씨앗 물어다 심는 봄눈 같은 백로여

역사는 현실과 대화다

채우다 힐끗 비우다가 엿보자니 둥근 꽃

김정희, 자화상, 1850년대, 조선

세한도

선에 선 몇몇 흘림, 시간은 가만 가만
몇 가닥 선율 울림, 찬 바람 낯이 익고
빈집 문 두드리는 이 소한 무렵 무상뿐

빈 곳은 빈 것으로 채우고 또 다지고
그래도 덜 것 없는 야윈 집 차디찬데
빈 세월 지켜본 이들 세한 무렵 송(松)과 백(柏)

세상사 간데없고 옳음도 옳지 않고
박물관 벽에 걸린 박제된 붉은 낙관
빈 세상 다 걷어내면 죽을 무렵 낯달뿐

역사는 현실과 대화다

강물이 따뜻할 때면 홍조 띠는 갯버들

수잔 발라동, 자화상, 1883, 프랑스

천강(天降), 천 개 강이 되어

저녁강은 피멍 든 몸 받아안는 꽃섬인가
붉은 기둥 휘감으며 곡하던 댓잎 바람
산 너머 강 지고 가는 홍조(紅鳥) 뒤를 따르더니

눈물은 풍화돼도 기억이 덧쌓인 곳
강정(江亭)을 기웃대니 의문이 일어선다
당신은 온전한 '나'로 기뻐 산 적 있는가요

오늘도 한밤중에 수천의 별이 되어
이 땅에 노숙하는 들꽃들을 보고 있소
나 여기, 수천의 젖줄 되려 만강(滿江)으로 흐르오

역사는 현실과 대화다

저 하늘 솜처럼 불꽃처럼 불어나는 콜라주

엘렌 데이 헤일, 자화상, 1885, 미국

신동엽의 하늘

봄날에 첫눈 내려
하얗게 열린 금강

꽃불로 수놓아서
꽃물처럼 가라 했나

흘러도
그 하늘인데
뚝뚝 진다, 별빛만

역사는 현실과 대화다

여울에 떠내려간 시간 여울지는 그리움

아놀드 뵈클린, 피들을 연주하는 죽음의 신이 있는 자화상. 1872. 스위스

백마강 소묘

새벽녘 또박또박 강가를 산책한다
봄날에 꽃눈 내려 곰나루가 눈부시다
달빛에 기대 자더니만 뒤따라온 강아지

고란사 종소리에 툭 떨어진 뭇별 줍던
시인은 그 어디쯤 가라앉아 꿈을 꿀까
슬픔은 녹지 않는 잔설로 묻혀 있어 따뜻한데

강 건너던 녹두꽃은 저 언덕에 닿았을까
찢어라 네 마음속 먹구름을, 하더니만
그들은 가 닿았을까 구름 없는 그 한 자락

꽃비가 허리 잘린 꿈을 풀어 길을 낸다
여울엔 생동하는 백제의 숨 마디마디
이른 볕 절름발이 강아지 긴 꼬리를 흔든다

역사는 현실과 대화다

눈부신 널 보았을 때 네 숨결에 꽃 피었지

빈센트 반 고흐, 폴 고갱에게 헌정한 자화상, 1888, 네덜란드

곰나루에서

봄날에 첫눈 내려 금강(錦江)이 소복한데
헤진 발로 강 건너던 소복(素服)의 동학군은
화등(花燈)을 밝혀 들고 가 닿았을까 그 하늘

역사는 현실과 대화다

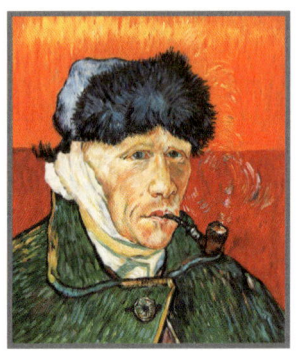

섬 한 점, 적송 가지마다 뚝뚝 지는 그리움

빈센트 반 고흐, 귀에 붕대를 감은 자화상, 1889, 네덜란드

금동대향로 복원 대장장이

들숨의 핏줄이라 눈물의 숨통이라
금동에 서린 핏빛 천 대를 흘러내려
반도의 가슴팍에다 그 이름을 박는다

진흙에 쟁여 놓은 조국의 긴 잠 깨워
일흔네 봉우리에 혼을 살라 향(響)을 내는
자식은 굵은 손마디로 유려하게 춤춘다

금강에 파닥이는 금물결 바닥에서
절통한 꿈을 꺼내 혁명을 반추하는
그래서 날 것의 호흡 몇 번이고 달군다

달처럼 둥근 시간 담금질로 살려내면
애초의 설화 만나 진흙에 핀 연꽃 자태
아버진 울음 그치고 저 미소를 볼 테지

공간, 시간에 접히다

사랑이 어렵다며 떠난, 설운 너를 달래지만

베다 슈티른샨츠, 자화상 1892, 핀란드

시비(詩碑)공원

해야 웃지 마라 달도 뜨지 마라*
그 절규, 파란으로 영면에는 드셨을까
시라서 할 말이 많았겠지 시비(是非)에 묶인 날엔

제 몸은 감옥에 두고 은유를 토해내던
언어의 그물질은 꽃잎 한 장 낚았을까
그 음성, 강물에 떠가는 묵음처럼 애달프다

죽은 시 비대석이 반질반질 노욕(老慾)한다
초분(草墳)에 기대 누운 산 시는 뜬눈인데
자꾸만 일으켜 세우려는 내 몸짓이 서럽다

*이상화, <통곡>, 《개벽》 55호(1925.1)에서 빌려옴

공간, 시간에 접히다

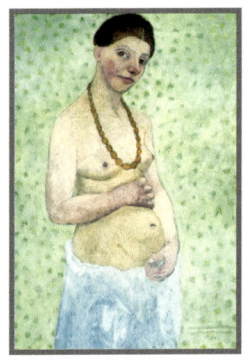

숲속에 푸른 정기 띠고 태어난다 사랑은

파울라 모더존-베커, 결혼 6주년 기념일의 자화상, 1906, 독일

구암리 소묘

구멍 뚫린 정류장에 찬비가 오락가락
다리를 꼬고 앉은 아가씨 쇼핑백에
산 능선 기울기보다 느린 잠이 비친다

퍼드덕 날갯짓에 앞산이 다가앉고
할미가 보따리를 쥐었다 안았다가
손자네 가는 참일까, 마음 급한 가을새

버스가 저 끝에서 흙먼지 흩날리다
겨울인 양 올 듯 말듯 자욱한 길을 내다
그렇게 도시행 꽁무니에 매달려 간 구암리

공간, 시간에 접히다

서로가 깊이 바라보다 꿈이 된다 이렇게

엘리자베스 비제 르브룅, 딸 줄리와 함께 있는 자화상, 1789, 프랑스

국립중앙박물관 사유의 방

어둡고 좁은 복도 그 끝에 사유의 방
고구려 부처님이 광야에 앉아 쉰다
청동빛 긴 침묵으로 노래했나 불국토

머리에 인 둥근 산이 조명 따라 흔들리고
금동 입은 관람객들 번뇌 따라 갈지(之)자로
참선은 종일 시달리다 돌아앉아 헛기침

게송이 일 끝내고 불면에 들어가면
미륵도 목을 빼서 천장에 매달다가
불현듯 샛별과 함께 퇴근하고 싶을까

공간, 시간에 접히다

다정한 사람이 있어 그의 집을 향한다

파울라 모더존-베커, 왼손에 두 송이 꽃을 든 자화상, 1907, 독일

4호선 지하철을 타고

내릴 곳 지나치자 귀가의 꿈 시름한다
이렇게 질주하다 일상의 끈 끊어질까
막차가 빙벽을 뚫고 돌진한다, 추락 중

오염된 비늘들이 파닥이는 종점의 밤
바다가 집이라며 고래가 별을 셀 때
허물을 벗은 기차가 저편 섬을 달린다

공간, 시간에 접히다

도심서 팔딱거리며 너를 찾는 감각들

이인상 자화상, 1930, 한국

개마고원에

찻집을 내야겠어 저 드넓은 자유로움에
더 이상 추울 수 없는 고요한 저 고원(高原)에
내 가서 별빛 꽂아놓을 화병 하나 둘 거야

얼어붙은 낙조에서 뿜어내는 아우라에
혹한을 이겨내온 생존의 절절함에
태곳적 활화(活火)의 함성, 담을 테야 내 안에

고원(孤原)일 뿐, 분노마저 파묻힌 내 도시는
날카롭게 선을 긋는 지도 따윈 밀쳐두고
내 방에 설원(雪原)을 들여 고운 찻집 낼 테야

공간, 시간에 접히다

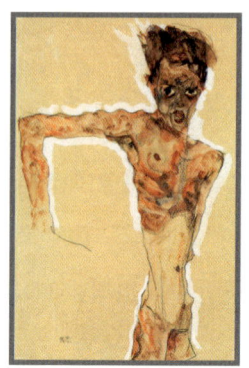

네 화인(花印) 내 언저리를 둘러싸며 속삭인다

에곤 쉴레, 자화상, 1911, 오스트리아

낙화(落火)
-선유줄불놀이

차안에서 피안으로 새끼줄을 매달고서
수천의 숯봉지가 몸을 살라 낙화(落火)하니
강물에 쏟아진 불꽃 수 놓는다 화인(花印)을

미풍이 살랑여서 줄불에 꽃불 번져
낙동강 가로질러 맵시 나게 활강하다
일생에 그리움 따라 하회(河回)하는 숨결들

공간, 시간에 접히다

왕중왕 삼색 모란이 네 연애를 채색한다

폴 고갱, 후광과 뱀이 있는 자화상, 1889, 프랑스

향천사 흙부처

삼색의 꽃향기에 불(佛)볕이 고운 날에
지(紙)상여 이고 지고 바삐도 가시었지
마당엔 별빛을 심던 당신 닮은 모란꽃

삼불(三佛)이 삼천 번뇌 삼만 배(拜)로 씻어주어
별밥을 내드리니 멍든 새 먹이고는
새똥을 빗물에 씻어 내게 준다 아뿔싸

사십구재 끝을 내니 길손 같은 비 내리고
길 잃은 강아지가 종루에서 오줌 누니
흙부처 목탁을 쪼개 흰 꽃불을 지핀다

공간, 시간에 접히다

절탑을 짓다 허물다 하늘 보는 채석강

폴 고갱, 황색 그리스도가 있는 자화상, 1890, 프랑스

채석강 가까이서

서설(瑞雪)로 가는 길에 층층이 옛이야기
부르면 다가올 듯 차창엔 늦가을 잎
얼마를 더 달려야만 네 이마에 닿을까

찬별에 심어놓은 밀어들 꿈틀대고
바닷물 흥얼거려 유물을 씻어 가며
오늘도 변산반도는 굵은 주름 접는다

서쪽의 바닷가에 노시인의 층암입술
은유의 말미에다 고통을 끼워 넣고
고요히 숨 가다듬다 시구 몇 개 잠든다

에크프라시스

연못에 달을 빠트리고 뛰어드는 아사녀

카지미르 말레비치, 자화상, 1933, 러시아

나무 되다
-이인옥, 〈나무 되다〉에 제하여

생애의 끝머리에 철 따라 나무 되어
가지마다 모자 우산 나비 몇과 작은 잎들
매단다, 시샘마저도 선물 같은 봄날을

머리에 밑동 심어 양분을 제때 주니
속 깊어 짙은 향기, 사랑 닮은 헵번처럼
저 앞에 꽃샘이 달려와도 의연하게 우아하게

이슬은 꽃잎 되고 봄볕은 나무 된다
아름다운 자세 잡고 연민을 주렁주렁
그렇게 나눔이 만개해 추위마저 감동하게

에크프라시스

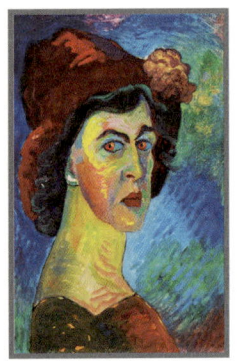

뜨겁게 포물선 그리며 빛을 내는 반딧불

마리안네 폰 베레프킨, 자화상, 1910, 러시아

여인과 매화와 항아리
-김환기, 〈여인과 매화와 항아리〉에 제하여

지하철 입구에서 여인은 항아리를
화동은 여인을 들고 제 젖을 나눠준다
매화향 동그랗게 번져 출근길은 연애 중

에크프라시스

시공간 남몰래 해체하는 디지털식 사랑법

에드바르 뭉크, 지옥에서의 자화상, 1903, 노르웨이

고양이가 지키는 무인 등대
-피트 몬드리안, 〈뵈스트카펠의 등대〉에 제하여

해송의 밀어 듣다 볼 붉게 익은 그를
로봇이 발로 밀어 바다에 처박으니
별들이 등롱(燈籠)의 창을 눈빛으로 닦는다

온몸에 피가 도는 나무가 부러워서
수액을 훔쳐내다 여명에 걸린 등대
바다에 드러누워서 제 그림자 찾는다

해안절벽 풀 이슬이 파도를 잠재울 때
어둠을 밀고 오는 망망한 뱃고동에
고양이 항로를 일으켜 선새벽을 삼킨다

에크프라시스

한강엔 황금빛 물결 높이 오른 내 정염

프리다 칼로, 폴리 창과 나, 1937, 멕시코

오필리아의 노래
-존 에버렛 밀레이, 〈오필리아〉에 제하여

풀 향기 한숨 따라 파문 이는 시린 날에
애인 칼날 베고 누워 검은 물에 잠든 여인
붉은 뱀, 화관을 훔쳐 쓴다 눈물마저 뺏는다

불신으로 닫힌 강에 안개가 뛰어들어
하얗게 팔딱이는 물빛들 길을 내니
정보다 깊은 서러움이 알몸으로 나간다

속잠은 더욱 깊어 영원에 들어갈 때
매초롬한 나비돛에 결 고운 노랠 하니
첫 이슬 달려와 반겨 배냇웃음 짓는다

에크프라시스

네 가슴 더듬다 쥐다 강에 드는 수선화

프리다 칼로, 내 간호사와 나, 1937, 멕시코

재회
-이중섭, 〈부부〉에 제하여

바다는 몇 번이고 풍파를 덧칠한다
이별은 어디에서 몰아쳐 온 파편일까
연정은 파도에 휩쓸린 고둥 소리 한 마디

지평선 잡아끌어 수평선에 잇대놓고
한몸 이룬 연인 위로 새 울음 날아간다
온 세포 바짝 세우고 깊이 읽는 내밀함

에크프라시스

거슬러 헤엄치는 연어들 생동하는 목덜미

프리다 칼로, 가시 목걸이와 벌새를 단 자화상, 1940, 멕시코

세이렌의 노래
-존 윌리엄 워터하우스, 〈세이렌〉에 제하여

지중해 저어가는 구릿빛 사내들아
뜨거운 태양 아래 풍랑과 맞서다니
젖과 꿀 풍만한 내 섬에 묵어가요 한평생

하늘은 허울이요 지상엔 신음 가득
이슬 닮은 내 노래를 위로주로 마셔봐요
황홀한 내 가슴에서 당신 영혼 돌봐요

한강물 찰랑이니 휘황한 빛과 비명
뱀 허물 넥타이에 가면 쓴 사내들아
오세요 빨간 술잔 내 입술 희롱해요 마음껏

해골 같은 빌딩 틈에 고독이 살 비비네
서울은 난장이니 절망일랑 내게 와요
새벽 종, 영 쓸데없는 메아리니 귀 닫아요

에크프라시스

널 그린, 소묘에 얹은 종소리가 다정해

마리 가브리엘 카페, 자화상, 1782, 프랑스

키스, 야윈 사랑에 관한 소묘
-르네 마그리트, 〈연인〉에 제하여

가슴이 퍼렇토록 그토록 기다리다
두 입술 포개는데 어둠이 확 덮친다
설렘은 화석이 된 걸까 검은 망점 된 걸까

창밖 새 물끄러미 나를 본다 시리도록
서서히 문을 연다 네모난 산그림자
입술이 주소 잃어버린 연인처럼 뾰족하다

에크프라시스

은하가 고개 숙여서 널 찾는다 꽃잎에서

프리다 칼로, 원숭이와 함께한 자화상, 1943, 멕시코

애도의 지속
-살바도르 달리, 〈기억의 지속〉에 제하여

턱없이 툭 떨어져 벽시계 부서진다
충혈된 눈, 튕겨 나간 시침을 흘겨본다
너희도 저렇게 죽었을까 휩쓸려 간 시간처럼

세월이 허겁지겁 갈 길을 재촉해도
가다가다 떠오르는 네가 있어 벽이 있어
관 뚫고 피어난 꽃 있어 돌아본다 몇 번이나

한기가 절뚝절뚝 이태원을 서성이고
기억은 허리 굽혀 줍는다 네 시간을
언제고 다시 오겠다며 이 담장에 걸어둔다

에크프라시스

두 점 간 직선에 달리다 산화하는 기다림

마리 루이즈 테레즈 빅투아르, 자화상, 프랑스

어떤 점묘법
-정소영의 점묘화에 제하여

한 점씩 촘촘하게 산을 쌓아 색칠한다
파랑 위 큰 파랑에 더 짙은 심해의 볕
여러 곳 이미지 파편들이 한 몸 되는 판타지

산 중턱 서어나무 지친 하늘 끌어안고
일상과 별의 간극 한 점씩 메우다가
바람 끝 불안한 색상들 불쑥 형(形)을 허문다

낱말을 쏙쏙 채운 점묘의 퇴적층에
북받치는 시선으로 고단한 숨 꿰매다가
시인은 등허리에 긁힌 경계선을 지운다

에크프라시스

꿈길엔 희망의 여정 순례하는 몽상가

김종태, 자화상. 1926, 한국

수선화처럼
-메르다디 자에리, 〈꽃과 나이팅게일〉에 제하여

키 낮은 하늘 매고 설강(雪江)에 엎드리어
여섯 장 꽃잎마다 봄빛을 물들이고
흰 새벽 문 두드리며 첫 만남에 설렌다

한설(寒雪)을 이고 지고 세한도 찢고 나와
세상을 깨워놓는 하얗게 벙근 입술
아직도 시린 눈망울 노란 봄을 찾는다

선하게 피어올라 향기로 손짓하여
산마을 들안마을 사람들 불러 모아
꽃잔치 벌여놓고는 함초롬히 웃는다

손님들 배웅하고 봄날을 게워내고
자식도 맺지 않고 남길 것 하나 없이
처연히 강물에 드는 그대 모습 담는다

사는 건 산통(産痛), 산통(算筒)

젊음은 사라지지 않는 석류 닮은 활화산

에곤 쉴레, 꽈리 열매가 있는 자화상, 1912, 오스트리아

그대의 짧은 날을

그대의 짧은 날을 나무 품에 묻고 나서
산 위에 하늘 위에 더 위에 올라 나는
그대가 사랑했다는 모든 것을 던진다

태풍이 지난 자리 열리는 고요함과
어둠을 찢고 가는 막차의 흰 꽁무니
저리도 무심한 것은 비장하게 던진다

자꾸만 돋아나는 초상(肖像)도 내던진다
그러고도 남은 것은 나무와 별의 눈물
천천히 사라지듯 난, 네 자리에 눕는다

사는 건 산통(産痛), 산통(算筒)

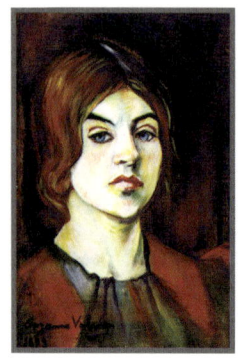

빗방울, 꽃 피고 지는 한 송이의 원관념

수잔 발라동, 자화상, 1898, 프랑스

강가 나무의 독백

평생에 지켜본 건 흘러간 강물이니
잔잔한 살얼음에 꽃잎을 수놓으면
마침내 날 선 겨울이 흰 폐부를 찌른다

누이는 꽃신 신고 아우는 꽃배 타고
옹이만 남겨둔 채 바람보다 빨리 간다
어디쯤 닿았으려나 강 허리가 시리다

황톳빛 함성으로 여름이 일어서면
밑동은 생장통에 몸짓만 불어나고
뿌리는 산통하느라 산 주검을 토한다

사는 건 산통(産痛), 산통(算筒)

우리는 별의 먼지로 만들어진 여행자

세실리오 구스만 데 로하스, 자화상, 1918, 볼리비아

등

해 뜨고 다 지도록 바다는 그 자리에
그이 등은 창가에서 떠날 줄 모르더니
창틀에 날개 접어놓고 소곤대는 별빛 소리

너머에 숲이 자든 설원이 내달리든
그 눈에 물들었을 고향 쪽 사연 하나
큰물에 집, 집 다 내주고 이름마저 수몰된

어깨가 숭숭 뚫려 바람도 울도 않고
등 굽은 유서처럼 낙조도 태반 꺾여
아버지, 등 뒤에 날 세우고 툭 던지는 헛기침

시인이 상실감을 꺼내 닦는 사람이듯
집이 없어 그이 닮은 수평선 한쪽에다
별빛은 고향 쪽 사람들을 그렁그렁 매단다

사는 건 산통(産痛), 산통(算筒)

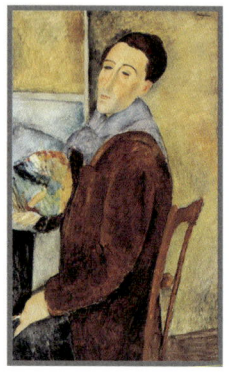

네 손에 소복이 쌓으며 변주하는 아리아

아메데오 모딜리아니, 자화상, 1919, 이탈리아

장승에 앉은 나이 든 참새와 목수

입동에 동틀 무렵 단잠을 깨는 소리
일거리 없다면서 저걸 끼고 씨름한다
왜 자꾸 만드는 걸까 장승 따윌, 아빠는

헤벌쭉, 뭐가 그리 즐거우냐 장승 놈아
내 남편 도끼질이 저리도 힘없는데
잠 덜 깬 산자락에 난 안갯길이 막막하다

저 사낸 딱다구리 시간을 쪼고 있군
밥벌이 목수질에 수고 끝이 애달프다
친구야, 바람에 밀려가도 가자꾸나 나처럼

사는 건 산통(産痛), 산통(算筒)

사내는 신문을 보다 바다로 가 울다가

쉬베이훙, 자화상, 1924, 중국

허리 잘린 나무

날 젖빛 감겨도는 산아래 당숲에서
새벽녘 서어나무 통증에 잠을 깬다
덩달아 허연 껍질눈 가파르게 숨길 낸다

또 한 살 먹었구나 아프냐 나이테야
마음이 또 생겨서 좋아요, 아프지만
동심원(同心圓), 상처 없으면 피지 않는 꽃이니까

동글게 모여드는 풀향기 담뿍 안고
멈추면 길을 잃는 나비인 양 높이 날아
나이테 뽀얀 시절로 가 시냇물에 물장구

사는 건 산통(産痛), 산통(算筒)

그것이 죽음이랄까 상처랄까 이별은

나카무라 쓰네, 해골을 든 자화상 1924, 일본

등칙골 의족수(義足樹)

걷다가 그리우면 별처럼 길이 되어
저마다 얽힌 사연 하나씩 물어보다
등골이 눈물바람에 휘어진 널 만난다

살 녹은 밑동에다 시멘트 채워 넣고
허기진 기다림에 쇠막대 짚고 서서
마른 잎 젖을 먹이는 늙은 어미 널 본다

골목길 늘 여닫던 바람은 어디 갔나
떠밀려 갈 데 없어 또다시 별이 되어
아버지 등골을 찾아 나는 길을 묻는다

사는 건 산통(産痛), 산통(算筒)

비어도 채우지 말아야 할 소멸점에 기댄다

귀스타브 쿠르베, 검은 개와 자화상, 1842~44, 프랑스

종생기(終生記)

1.
밤섬에 밤나무 몇 심어도 좋을 텐데
물살을 버티느라 밤잠은 잘 잤는지
한밤중 조개 입에 알 낳다 각시 붕어 죽었던데

2.
밤섬인 줄 알았는데 밤톨만 한 꿈이라니
혹 봄에 끝난다면 라일락은 심어야지
우체국 키 큰 나무에 긴 만장을 걸어야지

날 위한 조문 따윈 저문 강에 씻어내고
단 한 줄도 쓰지 마라 혹 세 줄은 넘지 마라
이렇게 말할 수 있다면, 종달새야 반가웠다

이슬처럼 어릿광대처럼

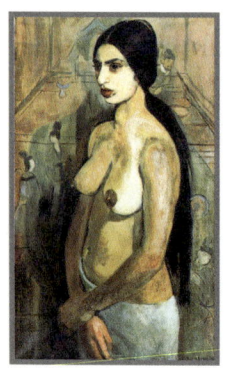

초록에 비가 내리니 푸르름이 뛰논다

암리타 셰르-길, 타히티인으로서의 자화상, 1934, 헝가리-인도

이슬: 하루살이가 갉아 먹은 잎사귀에

그토록 꼼꼼하게 눈물처럼 살았으되 홍조 띤 아침 볕이 영롱하게 숲에 들 때 내 평생 너를 적시다 몸을 살라 죽었으되

이슬처럼 어릿광대처럼

눈빛은 사랑의 분모 포옹하는 정겨움

나혜석. 자화상. 1932, 한국

눈부처

천지에 눈꽃송이 별처럼 총총 박혀
새빨간 거짓들은 숲으로 숨어들고
그대 눈 그리 깊어서 풍설(風說) 같은 내 얼굴

이슬처럼 어릿광대처럼

삼월이 들른 내 마음에 산책 나온 유채꽃

암리타 셰르-길, 자화상 (5), 1932, 헝가리-인도

삼월

네 눈을 닮은 봄빛 내 섬에 하선해선
빨갛게 영혼 입은 우체국 앞에 서서
너 대신 내게 왔다고 속삭인다 꿈처럼

이슬처럼 어릿광대처럼

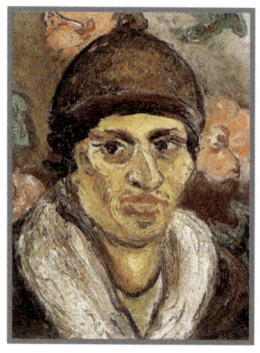

산 가득 꽃들이 뛰놀고 바위틈엔 물 소리

천청포, 자화상. 1928, 대만

개망초처럼

쉬어라 숨을 쉬면 어느새 살만하니
망초(亡草)라 누명 써도 기어코 꽃 피우며
통꽃에 혀꽃 조화로 뚝심 있게 살아라

무덤가 설워 마라 하늘이 창연한데
진자리 마른자리 가려서 무엇하나
해넘이 한해살이도 이슥토록 예쁜데

이슬처럼 어릿광대처럼

널 본다 시계(視界)를 덧이으다 노을 틈에 박힌다

황술조, 자화상, 1939, 한국

비목어, 산란을 꿈꾸며

봄을, 나도 기다린다 완장처럼 눈물 차고
슬픔을 낳으려는 외눈박이 짝을 찾아
동동동 길을 나선다 부초처럼 오늘도

올려보는 수면에는 파르르 빛의 산란
둘 합쳐야 하나 되어 눈이 되고 삶이 되어
비로소 생명을 산란(産卵)하는 내 봄날의 랩소디

내 봄이 못 온다면 한류(寒流)를 밀고 가서
산호초에 외눈 박고 절망도 끊어내고
그렇게 슬픔에 잠긴 채 기다린다, 그대를

이슬처럼 어릿광대처럼

이토록 무거운 내 연심을 나눠 지는 종달새

에밀리 카, 자화상, 1938~9, 캐나다

콩나물

물길 따라 숨을 쉰다 볕 없이 젖도 없이
검은 천을 하늘 삼아 운집한 날목숨들
시루에 시간을 포개면서 키만 매일 키운다

오늘은 음표처럼 날고 싶어 꿈틀대다
뚝배기에 풍덩 든다 추락하다 멍든 음들
세상은 활화(活火)의 소용돌이 난 파열음 한 조각

꼬르륵 열린 아침 해장하는 밤 시름들
두텁게 달려드는 입술들 탐(貪)의 향연
툭 끊긴 애증의 시간, 어느 아침 회고록

이슬처럼 어릿광대처럼

그대가 숨 쉴 때마다 자유로운 내 여백

로비스 코린트, 갑옷을 입은 자화상, 1914, 독일

숨결, 피정(避靜)하다

깊은 골 천호성지 묵주 한 알 나무 되어
낙타의 등짐 같은 세상을 이고 섰다
오래된 순교 일어나서 빈 무덤을 치운다

묵상은 온갖 묶음 파랗게 되살려내
사자가 포효하며 하늘 문을 두드린다
그 몸짓 세상의 가운데서 동심원(同心圓)을 짓는다

우주를 운행하다 상처에 스며든 꿈
열매가 떨어질 때 큰 빛으로 퍼져간다
아이들 마음껏 달리는 그 자리에 꽃비로

이슬처럼 어릿광대처럼

앞산에 새벽빛 오르면 문을 닫는 이슬방울

주디스 레이스테르, 자화상, 1633년경, 네덜란드

고색역(古索驛)

수원쯤 어디인가 칠흑에 비가 내려
두 개의 해저터널 틈에 선 역사(驛舍)는
뭍에서 떨어져 나가 섬이 된다 나처럼

무엇을 찾아나서 여기까지 흘렀을까
기억은 끊임없이 지도에 길을 낳고
봄비에 취하고 나니 아침볕이 따갑다

이슬처럼 어릿광대처럼

두 날개 서로의 바람으로 날아가는 종달새

애드가 드가, 초록 재킷을 입은 드가, 1855~6, 프랑스

낙조
-널 보낸 자리에서

눈꽃이 산발한 채 바다에 뚝뚝 진다
수평선, 날 선 붉음 널 보낸 찬 눈시울
저녁 해 한 입 베어문 물 살갗이 시리다

돛 내린 강길에는 불면이 들어앉고
강설(強雪)에 묶인 배엔 네 음성 지문만이
바람도 따라갔는지 낙조 혼자 애닯다

네 소식 무정해도 여전히 그리운지
작은 새 날갯짓에 파도가 문을 연다
나비로 돛을 달고서 짐 꾸리는 봄마음

이슬처럼 어릿광대처럼

드디어 하늘을 날아가는 금빛 날개 비익조

할레 아사프, 자화상, 1920년경, 튀르키예

인형, 그의 극

난, 내게 숨을 불어 무화과 입술처럼
흔들려야 깨어나는 내 살과 뼈 또 통점들
이 생은 무대 조명에 서성대는 망령인가

극적이다 내 비극은 실연의 공허처럼
두 어깨에 줄 매다니 발아래는 낭떠러지
어쩌다 타인이 되었을까 사람처럼 꿈꾸는데

객석엔 박꽃처럼 웃음 짓는 선한 이들
빈 꿈이 아니라며 내 서사를 호소하는
난 꼭두, 상엿소리에 신명나는 그믐달

이슬처럼 어릿광대처럼

공작새 숲길을 걷다 동그랗게 펴는 꿈

프리다 칼로, 테후아나로서의 자화상, 1943, 멕시코

브랜드 옆 비탈

블랙 탑 모스키노, 슬림팬츠 바이 육스
추위를 조명 삼아 걷는다 내 런웨이
세상을 핫하게 꾸미는 내 존재도 브랜드

저들은 왜 저럴까, 저리도 굽은 어깨
햇볕은 넘치는데 그늘만 다니다니
저쪽에 카멜 퍼 코트 에르메스 벗어줄까

스무고개 헤쳐가는 이쪽 비탈에는
사람들 주머니에 찬 바람 서너 겹씩
그래도 밤이 있어서 별을 본다 잠깐씩

시인의 말

에크프라시스는 예술 작품을 글로 충만하고 생생하게 묘사하는 기법이다. 그곳에는 묘사와 환유, 아름다움, 감각과 질감이 있어서 시와 내통이 제법이다.
그리스어 ἐκ(에크)와 φράσις(프라시스)에서 유래한 말로 "밖으로"와 "말하다"를 뜻한다.
살면서 적잖게, 생각보다 적잖게 속으로 웅얼거린 말이 있다. 이제 시조에 목소리를 달아 밖으로 내놓는다.